# Nélida Galván

# La Revolución para niños

SELECTOR
*actualidad editorial*

Doctor Erazo 120
Colonia Doctores      Tel. 55 88 72 72
México 06720, D.F.    Fax. 57 61 57 16

LA REVOLUCIÓN PARA NIÑOS

Ilustración de interiores: Modesto García
Diseño de portada: Sergio Osorio y Mónica Jácome

Copyright © 2002, Selector S.A. de C.V.
Derechos de edición reservados para el mundo

ISBN: 970-643-514-X

Segunda reimpresión. Julio de 2004

NI UNA FOTOCOPIA MÁS

# Índice

1. El comienzo
[9]

2. Madero¿el salva-
dor de México?
[21]

3. El Plan
de San Luis
[31]

4. La fiesta
de las balas
[45]

5. ¡Había triunfado
ya la Revolución?
[59]

6. Decena trágica
[73]

7. Plan
de Guadalupe
[79]

8. Sonora Sinaloa
[89]

9. Sigue la bola
[95]

10. La gloria por un ratito
[103]

11. 1917
[111]

# La Revolución

# El comienzo

Habían pasado ya muchos años de estar en la lucha armada. Contra los conservadores, en la guerra con Francia, en la guerra de Reforma. Porfirio Díaz es, sin lugar a dudas, un héroe militar que luchó ferozmente por la patria.

Apoyó siempre a Benito Juárez en todas las luchas y

combates, sólo que después surgieron los desacuerdos y se levantó en su contra. Cuando el Benemérito de las Américas murió, siguió luchando contra el sucesor de éste: Sebastián Lerdo de Tejada.

Porfirio Díaz organizó un cuartelazo, es decir, luchó por el poder presidencial a través de las armas, no de los votos. Triunfó. Asumió el poder el 28 de noviembre de 1876 y en él permanecería por muchos años.

Al llegar a la presidencia recibió un país devastado por las constantes guerras. No había industria, el comercio estaba detenido y los campesinos no tenían ningún apoyo.

Por esta razón, invitó a los extranjeros a que invirtieran en México. Les planteó un panorama perfecto: no había industria, era tiempo de establecerla, el subsuelo, desconocido y sin explotar, había grandes extensiones de tierra fértil, los bosques y selvas eran vírgenes, había minerales por todas partes, la mano de obra casi regalada y las condiciones muy venta-

**Fábrica de Peña pobre**

josas, así que los extranjeros vieron en México el paraíso terrenal. Se adueñaron de tierras y bosques, de la construcción de las vías para los ferrocarriles, de las minas, la metalurgia, el petróleo, las escuelas, la industria textil,

los periódicos, las comunicaciones, el comercio, entre otras cosas.

El presidente promulgó una ley para "colonizar" las tierras baldías, el propósito era localizar todas las tierras ociosas, es decir, las que no eran sembradas, y abrirlas al cultivo. Se organizaron empresas llamadas "Deslindadoras". Esta medida sirvió para que acapararan la tierra y se formaran grandes latifundios; lo que produjo despojos en los pueblos y comunidades indígenas, quienes eran en realidad los dueños ancestrales de la tierra. Estas comunidades fueron reprimidas por los batallones del ejército hasta aplacar cualquier tipo de rebelión.

Los yaquis de Sonora, se levantaron en armas para defender sus tierras y por muchos años fueron combatidos con extrema crueldad. En 1908, se publicó en los periódicos una orden en la que se disponía que todos los yaquis, dondequiera que se encontraran, ya fueran hombres o mujeres, deberían ser apresados por la Secretaría de Guerra y deportados a Yucatán. Se les

trataba como a esclavos y eran comprados y vendidos; no recibían ningún salario, se les obligaba a trabajar desde la madrugada hasta el anochecer y eran muy mal alimentados.

Entregar la tierra a latifundistas dio como resultado que de 1889 a 1906, el territorio estuviera repartido entre unos cuantos. El 99% de los habitantes no poseían ni un pedazo de tierra.

En cuanto a la Iglesia, ésta apoyó a Díaz y viceversa. Con él recuperó gran parte de sus bienes perdidos durante el gobierno de

Juárez y tenía injerencia en los asuntos de educación.

En los hechos era una sociedad de tipo feudal. Los dueños de las haciendas y ranchos eran verdaderos señores feudales que mantenían endeudados a los peones en las "tiendas de raya". Y qué decir de las plantaciones de café, caucho, plátano y caña. Ahí los trabajadores simplemente eran esclavos.

La primera oposición seria que tuvo el general Díaz fue la que encabezaron los hermanos Flores Magón en 1890.

Los hermanos Flores Magón comenzaron a editar un pequeño periódico llamado *Regeneración*. Muy entusiasmados subieron el tono de las críticas al régimen. El resultado fue que los hermanos cayeron prisioneros y el periódico fue clausurado.

**Ricardo Flores Magón**

Salieron del cautiverio. Pero insistieron en editar un nuevo periódico, el cual fue clausurado más de diez veces, multados a cada rato y los periodistas perseguidos y amenazados. Llegó el momento de abandonar el país para preparar la lucha armada.

La oposición en México ya no era posible. El régimen no permitía más partido político que el suyo, ni otras ideas ni opiniones.

Los levantamientos contra Porfirio Díaz se iniciaron desde que llegó a la presidencia. Levantamientos de tipo militar sin más ideología que tomar el poder; pero él terminó con cada movimiento que se organizaba en su contra.

**1886: Mariano Escobedo**
**1877: Pedro Valdés**
**1878: Lorenzo Hernández,**
**Javier Espino**
**1879: Miguel Negrete,**
**Manuel Carreón,**
**Francisco A. Nava,**
**José del Río**

Sin embargo, por primera vez surgió una nueva forma de organizarse, no sólo para quitar a Díaz del poder sino con ideales nacionalistas que buscaban la libertad. Surgió el Partido Liberal Mexicano (PDM). En 1906 lan-

zó su programa de acción con varios puntos:
"Supresión a la reelección para el presidente
y los gobernadores", entre muchos otros.
Esencialmente se pedía igualdad de trato y
oportunidades para todos los mexicanos. Fue
firmado en San Luis Missouri, Estados Unidos, el 1 de julio de 1906 por Ricardo Flores
Magón, Juan Sarabia, Antonio I. Villarreal,
Enrique Flores Magón, Librado Rivera, Manuel Sarabia y Rosalío Bustamante.

El descontento era cada vez mayor. En
1906 comienzan a manifestarse los nacien-
tes movimientos obreros. Es decir, surgen las
huelgas: en 1907 el país se conmueve ante la
masacre de obreros textiles en Río Blanco.
Otras huelgas que estallan, como la de Cananea,
en Cananea Sonora, fábrica que explotaba
valiosos yacimientos de cobre y donde la situación de los obreros era ya insoportable
puesto que trabajaban casi en la oscuridad,
con un calor insoportable, con jornadas de
trabajo de diez horas seguidas. Los obreros
pidieron a la empresa mejores condiciones
para los trabajadores, seguridad e higiene en

el lugar, salarios iguales que los estadounidenses por igual trabajo. El 1 de julio de 1906 los obreros inician la huelga, los patrones —que eran estadounidenses— se enfurecen y abren fuego contra los huelguistas.

En diciembre de los obreros textiles de Río Blanco se van a la huelga pidiendo mejores salarios, la empresa que es francesa, se niega y la huelga es reprimida. El descontento, el hambre y la represión formaron una bomba de tiempo que estaba a punto de explotar.

# Madero
# ¿el salvador
# de México?

Díaz había declarado en entrevista a un diario estadounidense, que si surgiera un partido de oposición, él lo apoyaría. La entrevista se reprodujo en México, en el periódico *El Imparcial*. Armó revuelo en todo el país, pero un hombre llamado Francisco I. Madero se entusiasmó.

Madero era un rico terrateniente de 35 años de edad. Hijo de una de las familias más poderosas de San Pedro de las Colonias, Coahuila. Educado en Estados Unidos y Francia. De regreso al país, tomó parte activa en algunas actividades políticas de su municipio y en la administración de los bienes de su familia. Pese a su origen y fortuna, se interesó por los problemas del país. A Madero,

como a muchos otros miembros de la clase media nacional, le interesaba hacer negocios en la banca, la agricultura, la minería o la industria (que estaba en manos extranjeras). Buscó una reunión con Porfirio Díaz para hacerle ver la necesidad de que cambiara su política económica. Al Partido Científico (el partido en el poder) no le convenía el retiro del presidente. Así podrían seguir repartiéndose la riqueza, por lo que buscarían la

reelección por séptima vez del general.

Madero estaba plenamente convencido de que todos los males del país se debían a la reelección. Por eso escribió un libro en 1908 donde plasmó su manera de pensar y ver la situación política de México; el libro se llamó: *La sucesión Presidencial en 1910*. Este libro tuvo un fuerte impacto a pesar de que la mayoría de las personas eran analfabetas. En realidad quienes tuvieron acceso a él fue la clase media que se enteró por primera vez de lo que estaba sucediendo.

Luego viajó a la capital en busca de personas que pensaran como él y en cuanto las encontró formó con ellas la agrupación llamada Centro Antirreeleccionista de México.

Antes de formar este Centro tuvo una plática con Porfirio Díaz en la que le propuso para las siguientes elecciones que lanzaran la candidatura: Díaz para presidente y él como vicepresidente. Dicen que Porfirio Díaz nada más se rió. Sin embargo, le dio garantías (de palabra) para que lanzara su candidatura.

Madero se declaró partidario del general Díaz y de su séptima reelección, pero cuando el presidente no aceptó su propuesta, comentó que no era posible ningún arreglo con el Poder Ejecutivo.

Entonces, se lanzaron como candidatos del Partido Antirreeleccionista: Francisco I.

Madero para presidente y como vicepresidente Francisco Vázquez Gómez. Los otros candidatos son: Porfirio Díaz, en fórmula con Ramón Corral por el Partido Reeleccionista, y un tercer candidato fue Bernardo Reyes, al que el mismo Díaz convenció de que se fuera de viaje a Europa.

Madero inicia su campaña presidencial. El régimen se la pasa boicoteando, pues no hay plaza o edificio donde se presentara el candidato, que no hubiera algún altercado o disturbio y es que el régimen estaba preocupado porque en los mítines antirreeleccionistas, se reunían miles de personas que recibían con mucho entusiasmo a Madero. Al candidato lo seguían muy de cerca agentes del gobierno y éstos buscaban un pretexto para tomarlo como prisionero. En Monterrey, se armó

un enfrentamiento entre sus partidarios que asistían a un mitin y la policía. En esa ciudad detuvieron a Madero con el argumento "de invitación a la rebelión e injurias al Presidente de la República"; lo trasladaron a la Penitenciaría de San Luis Potosí en donde solicitó su libertad causional. No era de extrañarse que para el día de las elecciones

se proclamara como ganador a Porfirio Díaz con un amplio margen de votos.

Cuando terminaron las "elecciones", Madero fue puesto en libertad condicional. Lo obligaron a permanecer en San Luis Potosí, pero cuando se enteró de que había órdenes de asesinarlo y que sus más cercanos colaboradores corrían peligro, huyó hacia Estados Unidos.

En algunas ciudades de la República Mexicana hubo acaloradas protestas por el fraude electoral e incluso varios muertos.

En Estados Unidos, Madero y algunos de los suyos planearon levantar al país en armas. Estaba seguro que el ejército porfirista apoyaría el movimiento armado contra Díaz. Nadie sabía en qué basaba esa opinión. Hay quien dice que Madero era un espiritista convencido de que tenía la misión de salvar a la patria.

En ese país tuvo toda la libertad de

movimiento sin que el gobierno estadounidense le pusiera traba alguna, quizá le dieron todas las facilidades porque no simpatizaban con Díaz ya que había entregado la administración y explotación del petróleo a los ingleses.

# El Plan de San Luis

En territorio estadounidense, Madero escribió el famoso *Manifiesto a la Nación*, pero lo firmó el 5 de octubre de 1910, con fecha anterior como si lo hubiera escrito cuando todavía estaba en México, dicho Manifiesto se conoce como el Plan de San Luis. Con el Plan, Madero manifestó algunas ideas.

# Habla Madero:

Los pueblos, en su esfuerzo constante porque triunfen los ideales de libertad y justicia se ven precisados en determinados momentos históricos a realizar los mayores sacrificios.

Nuestra querida patria ha llegado a uno de esos momentos: una tiranía que los mexicanos no estábamos acostumbrados a sufrir, desde que conquistamos nuestra independen-

cia nos oprime de tal manera, que ha llegado a hacerse intolerable. En cambio de esa tiranía se nos ofrece la paz, pero es una paz vergonzosa para el pueblo mexicano, porque no tiene por base el derecho, sino la fuerza: porque no tiene por objetivo el engrandecimiento y prosperidad de la patria, sino enriquecer a un pequeño grupo que, abusando de su influencia, ha convertido los puestos públicos en fuente de beneficios exclusivamente personales, explotando sin escrúpulos todas las concesiones y contratos lucrativos.

Tanto el poder Legislativo como el Judicial están completamente supeditados al Ejecutivo: la división de los poderes, la soberanía de los Estados, la libertad de los ayuntamientos y los derechos del ciudadano, sólo existen escritos en nuestra Carta Magna, pero de hecho, en México casi puede decirse que reina constantemente la Ley Marcial; la justicia en vez de impartir su protección al débil, sólo sirve para legalizar los despojos que comete el fuerte; los jueces, en vez de ser los representantes de la justicia, son agen-

tes del Ejecutivo, cuyos intereses sirven fielmente; las Cámaras de la Unión, no tienen otra voluntad que la del dictador; los gobernadores de los Estados son designados por él y ellos a su vez, designan e imponen de igual manera a las autoridades municipales.

Hace muchos años se siente en toda la República profundo malestar, debido a tal régimen de gobierno, pero el general Díaz, con gran astucia y perseverancia había logrado aniquilar todos los elementos independientes, de manera que no era posible organizar ninguna clase de movimiento para quitarle el poder de que tan mal uso hacía.

# Plan de San Luis

1. Se declaran nulas las elecciones.

2. Se desconoce al actual gobierno y a todas las autoridades.

3. Se declaran vigentes, a reserva de reformarlas oportunamente, todas las leyes promulgadas por el actual gobierno a excepción a las que se hallen en pugna con este plan.

4. Se declara Ley Suprema de la República, además de la constitución, el principio de no reelección.

5. Asumo el carácter de presidente provisional y tan pronto como la capital de la República y más de la mitad de los Estados estén en poder de las fuerzas del pueblo habrá elecciones.

6. El presidente provisional antes de entregar el poder dará cuentas al Congreso.

7. El 20 de noviembre de las 6 de la tarde en adelante todos los ciudadanos tomarán las armas para arrojar del poder a las autoridades.

8. Cuando las autoridades presenten resistencia armada se les obligará por la fuerza de las armas. También se llama la atención al deber de todos los mexicanos a respetar a los extranjeros en sus personas e intereses.

9. Tan pronto como cada ciudad o pueblo recobre su libertad se reconocerá como autoridad legítima provisional al principal jefe de armas. Una de las primeras medidas del gobierno provisional será poner en libertad a todos los presos políticos.

Concluye: "Ciudadanos, no vaciléis pues un momento: tomad las armas, arrojad del poder a los usurpadores, recobrad vuestros derechos de hombres libres y recordad que nuestros antepasados nos legaron una herencia de gloria que no podemos mancillar. Sed como ellos fueron: invencibles en la guerra, magnánimos en la victoria.

Sufragio Efectivo No reelección.

Increíblemente, Madero anuncia fecha y hora del levantamiento.

En Puebla, el movimiento antirreeleccionista es dirigido por Aquiles Serdán, quien huyó a Estados Unidos. Se reunió con Madero y ya de acuerdo en dar inicio a la lucha armada el 20 de noviembre, regresó a Puebla para participar en el levantamiento. Él se había afiliado al Partido Antirreeleccionista y difundió su idea de libertad entre los obreros y los campesinos en Puebla. Convirtió su casa en una trinchera llena de armas esperando el día indicado. Por el constante movi-

**Aquiles Serdán**

miento que se veía en la casa, algunas personas de ideas contrarias a la Revolución
dieron aviso a las autoridades, los cuales se
presentaron para hacer una revisión y confisca-

ción de lo que se relacionara con el movimiento armado, ya sabían que los miembros de la familia Serdán eran de ideas revolucionarias. Cuando la policía va en su busca son recibidos a balazos. Uno de los policías huye y avisa de lo acontecido. La casa de Serdán es sitiada. Este hecho sucedió el 18 de noviembre de 1910. La idea era resistir mientras los otros sublevados tomaban las armas, situación que no sucede. Nadie se atreve a hacer nada y después de cuatro horas de tiroteo, mueren 16 de los 18 ocupantes de la casa, entre ellos Aquiles Serdán. Su madre y su hermana Carmen, fueron recluidas en la penitenciaría donde permanecieron muchos años.

Mientras tanto en Estados Unidos, los Flores Magón siguieron luchando; nuevamente con su periódico al que llamaron *Regeneración* y organizando clubes en ese país y en México, a través de miembros de su partido.

Con la sucesión de acontecimientos en el país, los magonistas también creyeron que era el tiempo de iniciar la lucha armada, pero ellos no tenían dinero ni apoyo económico de Estados Unidos, por el contrario, en ese país eran considerados muy peligrosos porque tenían una idea más completa de los verdaderos problemas de la clase obrera y campesina.

Flores Magón, publica algunos artículos donde habla sobre Madero. Éstos aparecen antes del 20 de noviembre. Aquí algunos fragmentos:

*Sabedlo de una vez: derramar sangre para llevar al poder a otro bandido que oprima al pueblo, es un crimen, y eso es lo que sucederá si toman las armas sin más objetivo que derribar a Díaz para poner en su lugar a un nuevo gobernante.*

*Y ya que la Revolución tiene que estallar, bueno es, obreros, que saquen de ese gran movimiento popular, todas las ventajas que trae en su seno y que serán para la burguesía, si no son conscientes de sus derechos, como la clase productora de la riqueza social, serán en la Revolución simples máquinas de matar y de destruir, pero sin llevar en sus cerebros la idea clara de su libertad...*

*La Revolución va a estallar de un momento a otro. Los que por tantos años hemos estado atentos a los incidentes de la vida social y política del pueblo mexicano, no podemos engañarnos...*

*...Si llevamos al campo de la lucha armada el empeño de conquistar la libertad económica, que es la base de todas las libertades... encauzaremos el próximo movimiento popular por un camino digno de esta época... ¡Tierra y Libertad!*

*19 de noviembre de 1910*

Llegó el 20 de noviembre. Día indicado por Madero para iniciar la revuelta pero todo estaba en tranquilidad, nadie se levantó en armas. Madero, por su parte, con unos 40 hombres armados, esperó en los límites de la frontera la llegada de fuerzas revolucionarias prometidas por su tío Catarino Benavides. Esperó inútilmente. Nunca llegaron. Decepcionado se regresó a San Antonio decidido a dejar todo por la paz...

# La fiesta de las balas

La semilla de la Revolución estaba germinando. Madero se enteró después que sí hubo algunos levantamientos, aunque sin mucho éxito, pues nada impidió tomar protesta como presidente a Porfirio Díaz el 1 de diciembre de 1910.

El único levantamiento que se llevó a cabo el 20 de noviembre fue el de Pascual Orozco. A éste le proporcio-

nó dinero y armas un antirreeleccionista de
Chihuahua llamado Abraham González, ami-
go de Madero.

Abraham reclutó a otro hombre que sería
esencial para el movimiento armado: Pancho
Villa. Campesino que andaba huyendo por
haber asesinado a su patrón que pretendía
abusar de su hermana. Villa, con más de 300
hombres, se levantó en armas el 20 de noviembre. Con aquellos hombres, peones casi

todos, sin escuela, casi sin armas y sin ninguna preparación militar. Aunque el ejército federal estaba bien armado, bien alimentado, estaba acostumbrado a reprimir huelgas e indios sin armas. No tenían la preparación para enfrentarse a guerrillas. Durante más de dos meses, los hombres de Villa y Orozco hostigaron y lucharon contra las pequeñas guarniciones federales, tomando algunos pueblos.

# Francisco Villa

Nació en Durango el 5 de junio de 1878. Su verdadero nombre: Doroteo Arango. Uno de los más importantes caudillos de la Revolución Mexicana que con sus hombres tomó Ciudad Juárez y Torreón. Fundó la famosa División del Norte.

Villa era un campesino iletrado que andaba huyendo porque asesinó a su patrón que trató de abusar de su hermana.

También se le conoce como el Centauro de Norte. Se ha dicho que era un hombre violento, bandolero y matón. Quizá en el campo de batalla, pero la verdad es que Villa era un hombre que luchó contra la injusticia. Aprendió a leer y a escribir cuando era mayor de edad.

Se dice que cuando llegó a la ciudad de México vio niños abandonados recorriendo las calles, con sus ropas miserables suplicando una limosna. Villa ordenó que los niños, más de 500, fueran atendidos por su tropa. Apadrinados por la División fueron llevados a Ciudad Juárez. Con la vigilancia y protección del general, se les admitió en la Escuela de Artes y Oficios.

Francisco Villa fue asesinado el 20 de julio de 1923 en Parral, Chihuahua.

En enero de 1911, fuerzas liberales magonistas, invadieron desde Estados Unidos, la Península de Baja California por Mexicali y Tijuana, pero fueron derrotados en junio. Los liberales se replegaron nuevamente al vecino país y Madero les propuso una alianza, la cual rechazaron porque estaban convencidos de que él no quería una revolución social, sino tener el poder.

Entonces los liberales fueron acusados de querer anexar Baja California a Estados Unidos, cosa que era totalmente falsa.

El 13 de febrero, Francisco I. Madero decidió cruzar la frontera y ponerse al frente de la Revolución. Al mando de más de 200 hombres intenta tomar Casas Grandes, defendida por una pequeña guarnición. Es derrotado y herido por lo que llama a Villa y a Orozco para atacar Ciudad Juárez.

Los rebeldes no dominaban ninguna parte del territorio, ninguna ciudad, pero tampoco habían sido controlados. El clima de inseguridad y el desgaste de las tropas federales influyen en Porfirio Díaz para que declare la suspensión de garantías en todo el país.

Mientras tanto, las fuerzas maderistas habían llegado frente a Ciudad Juárez.

Porfirio Díaz trata de llegar a un acuerdo con Madero. Villa y Orozco no querían acuerdos. Estaban decididos a tomar la ciudad con o sin la orden de Madero. Así sucedió. Cuando Madero se dio cuenta ya las tropas revolucionarias estaban combatiendo. En 72 horas pusieron a Ciudad Juárez en su poder.

Las bandas de campesinos armados ya habían surgido en todo el país.

La toma de Ciudad Juárez, tuvo un efecto sorpresivo en el gobierno, el general Díaz hizo saber a los rebeldes que estaba dispuesto a entrar en nuevos arreglos y a presentar su renuncia, con lo que se cumplía con la petición de los revolucionarios. Con su ejército intacto, inexplicablemente renuncia al poder.

En Ciudad Juárez se firma el tratado en el que Porfirio Díaz renuncia al poder. Es el siguiente:

En Ciudad Juárez, Chihuahua, a los veintiún días del mes de mayo de 1911, reunidos en el edificio de la Aduana Fronteriza, los señores licenciados Francisco S. Carvajal, representante del gobierno del general don Porfirio Díaz; don Francisco Vázquez Gómez, don Francisco I. Madero y don José Ma. Pino Suárez, como representantes los tres últimos de la Revolución para tratar sobre el modo de hacer cesar las hostilidades en todo el territorio nacional y considerando:

Primero. Que el señor general don Porfirio Díaz ha manifestado su resolución de renunciar a la Presidencia de la República antes que termine el mes en curso.

Segundo. Que se tienen noticias fidedignas que el señor Ramón Corral renunciará igualmente a la vicepresidencia de la República dentro del mismo plazo.

Tercero. Que por ministerio de ley, el señor don Francisco León de la Barra, actual secretario de Relaciones Exteriores del Gobierno del señor general Díaz, se encargará interinamente del Poder Ejecutivo de la Nación y convocará a elecciones generales dentro de los términos de la Constitución.

Cuarto. Que el nuevo gobierno estudiará las condiciones de la opinión pública en la actualidad, para satisfacer en cada Estado dentro del orden constitucional y acordará lo conducente a la indemnización de los perjuicios causados directamente por la Revolución, las dos partes representadas en esta conferencia, por las anteriores consideraciones, han acordado formalizar el presente convenio:

Única: Desde hoy cesarán en todo el país las hostilidades que han existido entre las fuerzas del gobierno del general Díaz y la Revolución; debiendo éstas ser licenciadas a medida en que en cada Estado se vayan dando los pasos necesarios para restablecer y garantizar la paz y el orden público.

Transitorio: Se procederá desde luego a la construcción o reparación de las vías telegráficas y ferrocarrileras que hoy se encuentran interrumpidas.

El presente convenio se firma por duplicado. Licenciado Francisco S. Carvajal (rúbrica), Francisco Vázquez Gómez (rúbrica), Francisco I. Madero (rúbrica), José Ma. Pino Suárez (rúbrica).

### Adiós don Porfirio, adiós

El silbido del buque sonó melancólico para Porfirio Díaz. Para millones de mexicanos, sonó triunfante porque el hombre que se había apoderado de la silla presidencial por más de treinta años se iba al exilio del cual no habría de volver. El 31 de mayo de 1911, abandonó el país por el puerto de Veracruz, en un barco alemán llamado *Ipiranga*, escoltado por su más fiel general: Victoriano Huerta.

# ¿Había triunfado ya la Revolución?

Para los hombres que habían luchado por derrocar a Díaz ya todo había terminado. El triunfo cubrió de gloria sus anhelos, podrían empezar entonces un nuevo gobierno que se haría cargo del país. Solos se designaron y asumieron el poder. He aquí cómo quedó el gabinete:

Presidente provisional:
Francisco León de la Barra, porfirista
Relaciones:
Bartolomé Carvajal, porfirista
Gobernación:
Emilio Vázquez Gómez, maderista
Justicia:
Rafael L. Hernández, maderista- porfirista
Educación:
Francisco Vázquez Gómez, maderista
Fomento:
Manuel Calexo, porfirista
Comunicaciones:
Manuel Bonilla, porfirista
Hacienda:
Ernesto Madero, porfirista
Guerra:
Eugenio Rascón, porfirista
D.F.:
Alberto G. Granados, porfirista
Suprema Corte:
Félix Romero, porfirista

Estado Mayor:
General Enrique Torroella, porfirista
Policía:
David de la Fuente, porfirista

Como se ve en el acuerdo, entre Madero y los porfiristas dejaban fuera los intereses de la Revolución. Además, Madero pidió a todos los revolucionarios deponer las armas y apoyar en todo al nuevo gobierno. Permitió que siguieran funcionando las Cámaras de Diputados y Senadores con los mismos miembros porfiristas, así como las legislaturas de los Estados.

Entonces: *¡todo seguía igual!*

Pero los verdaderos revolucionarios no cesaron en su lucha.

Emiliano Zapata era un campesino que se alzó en armas para recuperar las tierras que los hacendados porfiristas les habían quitado a los pueblos de Morelos, Puebla y Guerrero. Para él, la Revolución era lo dicho por Flores Magón: **Tierra y Libertad.**

# Emiliano Zapata

Nació en San Miguel Anenecuilco, Villa de Ayala, Morelos, el 8 de agosto de 1883.

Este caudillo tenía las grandes condiciones de los jefes campesinos: sobriedad, valentía, serenidad, espíritu de organización incluso en el panorama de sus dispersas guerrillas. Gracias a él la Revolución fue algo más que una guerra fraticida en la que muchas veces los que luchaban parecían ignorar el porqué de su propia lucha.

Zapata, es la esencia campesina del movimiento revolucionario, supo dejar en los suyos, el sentido auténtico de las luchas en defensa de los más necesitados.

Cuando se sintió amenazado por la persecución carransista dijo:

"Todos los hombres tienen derecho a descansar, sólo a mí no me pertenece otro descanso que la muerte".

Zapata confiaba en el Plan de San Luis. Esperó a que pronto se pusiera en práctica y se restituyera a los pueblos la tierra. Lo que recibían eran pretextos. Le ofrecieron una hacienda para que dejara la lucha, la cual rechazó de inmediato.

Para colmo, Madero permitió que en Morelos gobernara un porfirista, gerente de un banco y socio de hacendados y terratenientes y peor aún, mandó a Victoriano Huerta a desarmar a los zapatistas.

Madero se entrevistó con Zapata para "convencerlo" de la necesidad de dejar las armas y esperar pacientemente el reparto de

tierras. El Caudillo del Sur aceptó con la condición de que Huerta se retirara. El presidente provisional no movió a Huerta y el rompimiento con Zapata no tardó.

En octubre de 1911 se efectuaron las elecciones. Madero triunfó, pero también su gabinete lo conformó con gente partidaria de Porfirio Díaz. Zapata, decepcionado, lo desconoció. Expuso en un documento que se llamó el "Plan de Ayala" sus razones y sus objetivos.

# Plan de Ayala
## (fragmento)

Teniendo en consideración que el pueblo mexicano, acaudillado por el señor don Francisco I. Madero fue a derramar su sangre para reconquistar libertades y reivindicar sus derechos... y no para que un hombre se adueñara del poder, violando los sagrados principios que juró defender... ultrajando así la fe, la causa, la justicia y los derechos del pueblo; teniendo en consideración que este hombre al que nos referimos es don Francisco I. Madero, el mismo que inició la precipitada Revolución.

Teniendo en cuenta que el llamado jefe de la Revolución Libertadora de México, por falta de entereza y debilidad suma, no llevó a feliz término la Revolución que gloriosamente inició con el favor de Dios y del pueblo, puesto que dejó en pie la mayoría de los poderes gubernativos y elementos corrompidos de opresión del gobierno dictatorial, que no son ni pueden ser de manera alguna la representación de la soberanía nacional... teniendo en cuenta que el supradicho señor don Francisco I. Madero trata de eludirse del cumplimiento de las promesas que hizo a la Nación en el Plan de San Luis Potosí; ya nulificado, persiguiendo, encarcelando o matando a los elementos revolucionarios que le ayudaron a que ocupara el alto puesto de presidente...

Teniendo en consideración que ha tratado de ahogar en sangre a los pueblos que le piden, solicitan o exigen el cumplimiento de las promesas de la Revolución, llamándoles bandidos y rebeldes, condenándoles a una guerra de exterminio, sin conceder ni otorgar ninguna de las garantías que prescribe la razón, la justicia y la ley...

Hubo levantamientos contra Madero porque consideraron que entregó el movimiento
al porfirismo. Uno de los prin-
cipales que pidie-
ron la destitución
de éste fue Pascual
Orozco. Que tam-
bién fue el primero
que se levantó con-
tra Díaz, ahora lo
hacía contra Made-
ro y volvió a tomar
Ciudad Juárez.

Para combatirlo,
Madero ordenó a Vi-
lla que atacara a
Orozco. Pero éste lo
derrotó y lo hizo
huir. Entonces man-
daron a Victoriano
Huerta. Orozco si-
guió con sus triun-

fos derrotando a tro-
pas federales, aunque
después es derrotado
por Huerta y Villa.

Con el pretexto
de que soldados de
Villa se habían roba-
do un caballo, Huerta
le ordenó que regresa-
ra el caballo a su due-
ño. Villa no quiso.
Fue acusado de insu-
bordinación y orde-
naron fusilarlo, pero
lo salvó Raúl, el her-
mano de Madero.
Aunque no se salvó
de la cárcel y fue en-
viado a la capital.

Huerta es ascen-
dido a General de Di-
visión.

Estados Unidos y los porfiristas se dan cuenta de que Madero es débil y poco útil a su causa. Entonces vuelven la mirada hacia Félix Díaz, sobrino de Porfirio. Lo arman junto con Bernardo Reyes. El 16 de octubre de 1912 se levanta en armas en Veracruz contra Madero.

Fracasan en su intento y Madero les perdona la vida. Sólo los pone en prisión. El presidente es muy criticado, tiene presiones por todas partes: por un lado, los radicales porfiristas exigen que acabe con los "bandidos zapatistas"; los mismos maderistas le exigían reformas para acabar con la "izquierda maderista" y los revolucionarios le pedían que de una vez por todas hubiera justicia.

Madero no se dio cuenta de que se había quedado solo. Él siempre pensó que el ejército lo apoyaba y no fue así por que era todavía un ejército porfirista. Los generales estaban listos para recibir órdenes y fue en la embajada de Estados Unidos donde se planeó una conspiración contra el presidente.

En febrero de 1913, Henry Lane Wilson, embajador estadounidense, escribió a su gobierno una carta donde describía los acontecimientos en México. Expuso que la situación era inestable y que los Estados de la República todavía contaban con un movimiento revolucionario peligroso y en constante ascenso. Entonces vieron amenazados sus intereses comerciales.

# Decena Trágica

El plan fue fraguado de la siguiente forma: levantarse en armas, tomar Palacio, matar a Madero y poner en la silla presidencial a Bernardo Reyes. El movimiento fue dirigido por el general Manuel Mondragón. Se sublevó el 9 de febrero de 1913 con tropas de Tlalpan y Tacubaya. Sacaron de la cárcel a Reyes. Luego liberaron a Félix Díaz

**José Ma. Pino Suárez**

y se dirigieron a Palacio. Los recibieron a tiros donde cayó muerto Bernardo Reyes. Como no esperaban ese recibimiento, Mondragón y Félix Díaz se dirigieron a la Ciudadela, donde las tropas se unieron a la rebelión. Desde ahí inició el bombardeo contra Palacio.

Madero entregó la defensa de su gobierno a Victoriano Huerta. Se dirigió a Cuernavaca a traer las tropas de otro general porfirista y de esa manera terminar con los sublevados, pero no contó con que este general ya estaba de acuerdo con los alzados.

Pasaron algunos días y la Ciudadela no caía, pero tampoco Madero.

Decidieron entonces por el asesinato: con información de Huerta, arrestaron a Madero, Pino Suárez y Felipe Ángeles. Presos en Palacio, Madero y Pino Suárez, presidente y vicepresidente, fueron obligados a firmar su renuncia. De inmediato fue aceptada por los diputados. Al mismo tiempo, Huerta se nombra ministro de Gobernación, y como presidente a Pedro Lascurain, quien fue ministro de Relaciones con Madero y que no dudó en traicionarlo. Mientras la comedia se llevaba a cabo en la Cámara de Diputados. Luego renunció a su cargo de presidente Lascurain y nombró de inmediato nuevo presidente a Victoriano Huerta.

El nuevo presidente promete a familiares y amigos de Madero y Pino Suárez que les permitirá salir del país rumbo a Cuba. Sin embargo, cuando llegaron a la penitenciaría los bajaron del coche que los transportaba y los asesinaron. El crimen lo hicieron aparecer ante la opinión pública como un asalto.

De acuerdo con el plan de la embajada estadounidense, Huerta sería el presidente provisional mientras se llevaban a cabo nuevas elecciones, la intención era poner en el poder a Félix Díaz. Lo primero que intentó Huerta fue ganarse a Orozco y a Zapata. Les ofreció dinero, tierras y poder. Orozco aceptó.

Zapata al igual que Villa se declararon contra Huerta y nuevamente la mecha de la Revolución se encendió.

**Victoriano Huerta**
1854- 1916

Después que Díaz partió al exilio, Victoriano Huerta se puso a las órdenes de Madero. Cuando Félix Díaz y Bernardo Reyes se sublevan y toman Palacio, Huerta traiciona a Madero y de esta manera se desencadena la Decena Trágica.

# Plan
# de
# Guadalupe

Villa en el norte del país y Zapata en el sur encabezaban la lucha armada contra quienes querían otra vez el porfirismo. Se unió a ellos otro inconforme: Venustiano Carranza quien en 1913 fue gobernador del estado de Coahuila. Tenía 60 años de edad. Su trayectoria: senador porfirista, terrateniente, burgués sin ninguna idea revolucionaria. Es más, no simpatizaba ni con Villa ni con Zapata pero ambicionaba llegar a la presidencia.

Muerto Madero, Venustiano Carranza desconoció a Huerta y se proclamó "Primer Jefe de la Revolución". Un mes después proclamó el Plan de Guadalupe.

A ese plan se unieron dos gobernadores maderistas: el de Sonora y el de Sinaloa.

Carranza entró a la lucha no para seguir los ideales de la Revolución, sino para restablecer el orden legal y constitucional violado por el cuartelazo de Huerta. Para los revolucionarios ya no era posible esperar más y el 29 de agosto de 1913, en Matamoros, Tamaulipas, se repartieron las tierras de Félix Díaz, llevada a cabo por los generales Lucio Blanco y Francisco Mujica.

Carranza cesó a los generales y suspendió el reparto. Nuevamente quedaba claro que

# Plan de Guadalupe

1° Se desconoce al general **Victoriano Huerta** como **Presidente de la República.**

2° Se desconoce también a los poderes **Legislativo** y **Judicial** de la **Federación.**

3° Se desconoce a los gobiernos de los Estados que aún reconozcan a los Poderes Federales que forman la actual administración, treinta días después de la publicación de este Plan.

4° Para la organización del ejército encargado de hacer cumplir nuestros propósitos, nombramos como Primer Jefe del Ejército que se denominará "Constitucionalista" al ciudadano Venustiano Carranza gobernador constitucional del Estado de Coahuila.

5° Al ocupar el Ejército Constitucionalista la ciudad de México, se encargará interinamente del Poder Ejecutivo el ciudadano Venustiano Carranza o quien lo hubiese substituido en el mando.

6º El presidente interino de la República convocará a elecciones generales, tan luego como se haya consolidado la paz, entregando el poder al ciudadano que hubiese sido electo.

7º El ciudadano que funja como Primer Jefe del Ejército Constitucionalista en los Estados cuyos gobiernos hubieren reconocido al de Huerta asumirá el cargo de gobernador provisional y convocará a elecciones locales, después de que hayan tomado posesión de sus cargos los ciudadanos que hubiesen sido electos para desempeñar los altos poderes de la Federación, como lo previene la base anterior.

Firmado en la hacienda de Guadalupe, Coahuila a los 26 días de marzo de 1913.

él tampoco era un revolucionario y que no los apoyaría.

Pero Carranza inició la etapa de discursos y declaraciones revolucionarias.

Los campesinos ilusionados por las palabras y promesas, volvieron a las armas para derrocar a Huerta.

Al frente de las tropas, en el norte, quedó un sonorense llamado Álvaro Obregón, lo que disgustó muchísimo a Villa. Carranza rectificó y designó a Villa como jefe de las operaciones en Chihuahua y a Obregón en el resto

del norte. Con Zapata en el sur, para 1914 las fuerzas "constitucionalistas" y zapatistas dominaban casi todo el país.

Estados Unidos apoyó a Huerta hasta cuando ya era inminente su fracaso. Entonces empezó el acercamiento con Carranza, por lo que Huerta se vio obligado a pedir apoyo a Inglaterra.

Como a Estados Unidos no le pareció, con el pretexto de defender a sus connacionales radicados en México, invadió los puertos de Tampico y Veracruz, que eran los lugares donde

Huerta recibía armas (compradas) de Inglaterra.

Las fuerzas huertistas pusieron resistencia a la invasión estadounidense sin gran éxito. Ese mismo año, 1914, las tropas revolucionarias expulsaron a Huerta. Huyó del país con varios millones de pesos. Mientras tanto la Cámara de Diputados nombró presidente interino a Francisco Carvajal, el ministro de Relaciones en el periodo de Huerta. Al mismo tiempo, Carranza, autodenominado Jefe del Ejército Constitucionalista, ejercía como presidente, nombrando gabinete y gobernadores. Carvajal se fue un mes después sin decir nada.

**Venustiano Carranza**

# Sonora- Sinaloa

Nuevamente parecía que había triunfado la Revolución. Los hombres que aparecen en la escena política toman a México como botín de su ganancia pretextando la lucha armada.

Se les llama los *Sonora-Sinaloa*. Jóvenes emprendedores, ambiciosos y oportunistas. Muy pronto el país entero los reconoció como

ladrones aunque ellos argumentaban que sus acciones correspondían a despojar a los ricos de lo que habían robado al pueblo. Sin embargo, las tierras, el dinero, las haciendas, las casas y todo lo que "decomisaban" eran para los generales carrancistas, estos hombres eran:

Álvaro Obregón, Juan Cabral, Plutarco Elías Calles, Salvador Alvarado, Roberto Cruz, Ángel Flores, Benjamín G. Hill, Alejandro Mangue, Francisco Serrano, Arnulfo R. Gómez, Aarón Sáenz, Gonzalo Escobar, Ríos Zertuche, Pablo Quiroga, Pablo Macías Valenzuela, Pablo González, Abelardo Rodríguez. De estos generales que amasaron enormes fortunas se

pueden excluir a Lucio Blanco, Salvador
Alvarado, Francisco Mujica, Manuel Diéguez
y algunos otros.

El país se encuentra dominado por los
ejércitos revolucionarios. El ejército Porfirista,
por fin, quedó desmembrado. Existían diver-
sas tendencias políticas. Por un lado, estaba
Villa, había roto con Carranza y con su ejército
controlaba Durango, Chihuahua, Zacatecas, San
Luis Potosí, parte de Jalisco, Aguascalientes,
Coahuila, Querétaro, el Estado de México y
Guanajuato. También estaba Zapata, quien exi-
gía la revolución social; la aplicación del Plan
de Ayala para que se entregara la tierra a los
campesinos, quienes eran gente explotada de

las haciendas cañeras y que habían confiado en las promesas de Madero. Zapata controlaba: Morelos, Guerrero, Puebla, el sur del Distrito Federal y el Estado de México.

Estaban también los obregonistas que representan a la clase media con la idea de hacer del país una economía capitalista tomando

do como modelo a Estados Unidos. Por último, Carranza, quien tenía el apoyo de los militares y la burocracia porfirista.

Controlaba el noreste del país y además tenía el poder político.

Carranza no aceptaba que los campesinos se repartieran tierras y haciendas. Su planteamiento era muy semejante al de Francisco I. Madero, pues los dos representaban a los terratenientes.

El país estaba en desorden total cuando las cuatro fuerzas luchaban cada una por su lado hasta que en muy poco tiempo se convirtieron en dos: Villa y Zapata contra Carranza y Obregón.

# Sigue la bola

A Carranza no le parecía que Zapata estuviera repartiendo tierras y confiscando haciendas. Por otro lado, permitía a su gente apoderarse de tierras para convertirse ellos mismos en "hacendados revolucionarios". Carranza pidió a Zapata y a Villa que lo reconocieran como gobierno. Éstos aceptaron con la condición de que se cumpliera el

Plan de Ayala y comenzara, por fin, el reparto de la tierra.

Obregón también ambicionaba el poder. Trató de ganarse a Villa. Pero por otro lado atacó a su ejército; lo que buscaba era debilitarlo sin darse cuenta que Villa ya para ese entonces era todo un estratega militar. Al no lograrlo, Villa se lanzó contra Obregón. Poco faltó para que lo matara. Para salvar su vida, Obregón aceptó las condiciones que le puso Villa. Firman un acuerdo. Cuando salió de Chihuahua mandó un telegrama a Villa donde rechazaba el acuerdo. Eno-

jado el Centauro del
Norte, salió a perseguir-
lo pero ya no le dio al-
cance.

El 10 de octubre
de 1914, se llevó a
cabo la Convención
en Aguascalientes.

Se invitó a los
zapatistas; estos lle-
garon 15 días des-
pués. En ese momen-

to fue cuando la Con-
vención empezó a
plantear el tema del
Plan de Ayala. En esa
convención se en-
cuentran, por prime-
ra vez, los villistas y
los zapatistas y la
unión de éstos. Logran

mayoría y convencen,
además, a un grupo im-
portante de carrancistas
y obregonistas, que el

23 de octubre deciden hacer a un lado a Carranza y nombrar como presidente a un villista: Eulalio Gutiérrez.

Carranza dijo que no renunciaba a la presidencia si Villa no renunciaba a la División del Norte. Entonces, la Convención de Aguascalientes aprueba las dos renuncias: la de Carranza y la de Villa. Ni así acepta Venustiano Carranza.

La Convención declara rebelde a Carranza y nombra jefe del ejército a Francisco Villa y presidente a Eulalio Gutiérrez.

Habían pasado ya muchos años y la gente del pueblo no veía ningún resultado; desde que renunció al poder Porfirio Díaz, habían llegado a la silla presidencial hombres que hacían promesas a los campesinos, pero el reparto de tierras no llegaba.

El cansancio era mucho y era confuso el porqué se lucha primero a favor de un caudillo y luego en su contra. Las noches en la sierra y en los pueblos eran eternos; el hambre y el sol de los días era mucho, pero es más fuerte su anhelo de tener una parcela que heredarles a sus hijos.

Las mujeres fueron parte importante en la Revolución, por la gran ayuda que aportaron como soldaderas al lado de los revolucionarios.

Miles de mujeres estuvieron comprometidas con la causa revolucionaria. Dejaron sus hogares para ir con sus hermanos, padres o esposos. Estas mujeres eran enfermeras, preparaban los campamentos de descanso y hacían toda clase de labores, como cortar leña, hacer comida, pero además, tomaban parte activa en los combates junto con los hombres como si se

tratara de uno más de los soldados.

A estas mujeres se les dio el nombre de Adelitas, por la canción popular que narra las aventuras de una de estas soldaderas y que tenía por nombre Adelita.

Sin duda alguna, el principal mérito que tuvieron estas mujeres, fue la demostración de valor que dieron ante el mundo; mostraron que estaban capacitadas para luchar por sus propios ideales. Su presencia en los campos de batalla, modificó la idea de que la mujer es débil.

# La gloria por un ratito

Era el 24 de agosto de 1914. Por primera y única vez en la historia, Palacio Nacional estaba en manos del pueblo. La fuerza y la razón de este pueblo se impusieron ante los enemigos, los traidores, los explotadores, los que entregaron la patria a los extranjeros, aunque la República entera estaba en manos de Villa y Zapata, existía una

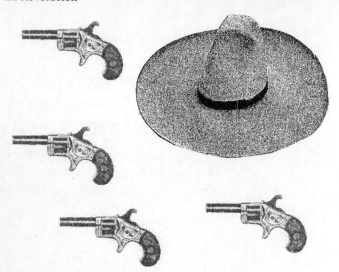

realidad dolorosa: el poder estaba vacante, no había ni partido político, ni una política a seguir y nadie había triunfado realmente contra el otro bando.

Los convencionistas pensaron que bastaría atacar a Obregón para aniquilarlo; esa era la propuesta del general Felipe Ángeles pero Villa y Zapata decidieron irse cada uno a su trinchera. Dieron oportunidad a Obregón de reagrupar sus fuerzas y tomar la ofensiva. A este error se le añade que Eulalio Gutiérrez le niega todo tipo de apoyo a Zapata, se enemistó con Villa y terminó en las filas de Obregón.

Ni Villa ni Zapata eran hombres que tenían algún tipo de preparación política.

Ni siquiera alguno de sus seguidores con
más estudios tenía la más elemental idea del
qué hacer con el poder. Ninguno de los dos
tenía la capacidad de organizar y tampoco
ambicionaban el poder. Sólo querían justicia
social. De cómo vendría, eso quién sabe. Se
cuenta la anécdota de que Villa al llegar a
Palacio Nacional se sentó en la silla presidencial y con risas dijo a los concurrentes "me
siento pa' ver qué se siente".

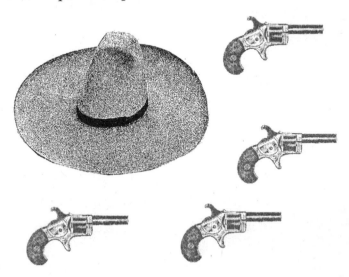

Recuperado Obregón, el 15 de enero, entró a la capital y se dedicó a conseguir dinero para la causa carrancista. No lo consiguió porque ya los ricos habían salido del país con su dinero. La Iglesia Católica había mandado su dinero a Roma. La ciudad estaba muy pobre, consecuencia de que en el campo no había cosechas, pues los campesinos andaban en la bola y lo poco que había lo tenían escondido los acaparadores.

Inicia 1915. El país estaba totalmente en desorden. La lucha de todos contra todos ya no se entendía. La lucha era de la gente del pueblo contra ellos mismos, todos con distintos caudillos parecía que el único objetivo era: saquear y destruir todo a su paso.

Mientras tanto, Carranza, refugiado en Veracruz, mandó a Obregón a la batalla con los "Batallones rojos". Villa, desoyendo nuevamente a Felipe Ángeles, decidió esperarlo en el Bajío. En Celaya fue la derrota del general Francisco Villa. Luego es derrotado en León, Aguascalientes, Durango y Sonora. Se

refugió en la sierra de Chihuahua, donde se reorganizó y siguió en la batalla.

En octubre de 1915, Estados Unidos reconoció como único gobierno al de Carranza. Desconoció al proclamado en

la Convención de Aguascalientes.

Villa, indignado, atacó la población de Columbus, Nuevo México, tomándola por algunas horas. Las tropas estadounidenses se escondieron y sólo comenzaron a disparar cuando Villa se retiró con sus hom-

bres, que eran unos cuatrocientos.

Con la complicidad de Carranza, los estadounidenses ingresaron al país con sus mejores tropas buscando a Villa para matarlo. Ni las tropas de Carranza ni las estadounidenses pudieron encontrarlo. Durante seis meses lo buscaron y Villa riéndose de ellos los vio regresar a su país.

# 1917

Era ya 1917 y la Revolución aún seguía con vida. Carranza no había logrado acabar ni con Villa ni con Zapata. Para ganarse al pueblo Carranza prometió beneficios a los campesinos y obreros. Ofreció reformas y prometió leyes aunque a la hora de cumplirlas se desvanecían en el aire, al fin eran palabras.

En todo el país seguía la desorganización política. Los distritos estaban gobernados por caciques y jefes militares que nadie había elegido. Fue necesario convocar a elecciones de diputados. Cada distrito elegiría un delegado y un suplente. Ni los zapatistas ni los villistas ni los porfiristas y ni mucho menos los huertistas podían aspirar a ser delegados. Sólo gente designada por Venustiano Carranza.

Durante dos meses, 200 diputados del agrado de Carranza, discutieron, estudiaron y aprobaron la nueva Constitución. En este documento se incluyeron los artículos 3, 27, 123 y 130.

Las leyes agrarias contenidas en la Constitución significaban, de alguna manera, un triunfo de Zapata. Pero Carranza no simpatizaba con Zapata y Zapata tampoco simpatizaba con él, puesto que llevaba a cabo masacres en Morelos: saqueaban pueblos, quemaban siembras, mataban indios, en fin...

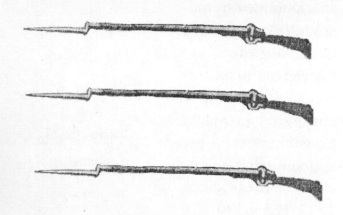

El incorruptible caudillo mandó una carta abierta a Venustiano Carranza donde le reclamaba todas sus mentiras y promesas no cumplidas; los saqueos y la entrega de las haciendas a sus generales favoritos, de cómo desorganizaba a los sindicatos obreros, que el libre sufragio era una mentira, entre muchas otras cosas.

Aquí algunos fragmentos:

"...voy a decir verdades amargas, pero nada expresaré que no sea cierto, justa y honradamente dicho.

"En materia agraria, las haciendas cedidas o arrendadas a los generales favoritos; los antiguos latifundios de la alta burguesía,

reemplazados en no pocos casos por moder-
nos terratenientes que gastan charreteras, kepí
y pistola al cinto; los pueblos, burlados en
sus esperanzas...

"Ni los ejidos se devuelvan a los pueblos, que en su inmensa mayoría continúan
despojados, ni las tierras se reparten entre la

gente de trabajo, entre los campesinos pobres y verdaderamente necesitado.

"En materia obrera, con intrigas, con sobornos, con maniobras disolventes y apelando a la corrupción de los líderes, se ha logrado la desorganización y la muerte efectiva de los sindicatos única defensa, principal baluarte del proletariado en las luchas que tiene que emprender por su mejoramiento.

"¿Existe en verdad el sufragio? ¡Mentira! En la mayoría, por no decir en la totalidad de los Estados, los gobernadores han sido

impuestos por el Centro; en el Congreso de la Unión figuran como diputados y senadores, criaturas del Ejecutivo, y en las elecciones municipales los escándalos han rebasado los límites de lo intolerable y aun de lo inverosímil.

En materia electoral ha imitado usted con maestría, y en muchos casos superado a su antiguo jefe Porfirio Díaz.

No puede darse, en efecto, nada más anticonstitucional que el gobierno de usted: en su origen, en su fondo, en sus detalles, en sus tendencias...

Nadie cree ya en usted, ni en sus dotes de pacificador, ni en sus tamaños como político y como gobernante. Devuelva usted su libertad al pueblo, C. Carranza; abdique usted sus poderes dictatoriales, deje correr la savia juvenil de las generaciones nuevas. Ella salvará la patria..."

**Emiliano Zapata**

Carranza lleno de ira esperó el momento para acabar con Zapata. Como sabían que no era posible derrotarlo militarmente planearon asesinarlo.

La intriga comenzó cuando Pablo González planeó con Jesús Guajardo, quien era coronel carrancista, fingir una traición. Es decir, Guajardo se fingió enemigo de Carranza. De la noche a la mañana se "convirtió" en "zapatista". Le ofreció al general Zapata pasarse de su lado con todo y tropa. Zapata, para probar la lealtad de Guajardo, le pidió que le entregara a unos traidores al zapatismo que ahora luchaban en las fuerzas de Carranza: Victoriano Bárcenas y otros hombres. Guajardo apresó a los traidores del zapatismo, menos a Bárcenas. Se los entregó a Zapata que de inmediato los hizo fusilar. Con eso quedó convencido de la lealtad de Guajardo.

El 10 de abril de 1919 se entrevistarían en la hacienda de Chinameca, en Morelos. Ahí asesinaron a uno de los hombres más importantes del movimiento revolucionario: al general Emiliano Zapata.

Guajardo fue ascendido a general y lo premiaron con 50 mil pesos.

Salvador Reyes Avilés, quien era secretario de Zapata narró así los hechos:

"Vamos a ver al coronel", dijo el jefe Zapata: "que vengan nada más 10 hombres conmigo", ordenó. Le seguimos diez, tal como él lo ordenara, quedando el resto de la gente, muy confiada, sombreándose bajo los árboles y con las carabinas enfundadas. La guardia formada (gente de Guajardo) parecía preparada para hacerle los honores al jefe.

El clarín tocó tres veces llamada de honor, y al apagarse la última nota, al llegar el general en jefe al dintel de la puerta, de la manera más alevosa, más cobarde, más villana, a quemarropa sin dar tiempo para empuñar las pistolas, los soldados que presen-

taban armas descargaron dos veces sus fusiles y nuestro inolvidable general Zapata cayó
para no levantarse más. Su fiel asistente
Agustín Cortés moría al mismo tiempo. La
sorpresa fue terrible; los soldados del traidor
Guajardo, parapetados en las alturas, en el
llano, en la barranca, por todas partes (cerca
de mil hombres), descargaban sus fusiles sobre nosotros...

Cuando Venustiano Carranza estuvo libre de su principal enemigo, se preparó para gobernar el país sin nadie que le pusiera objeción alguna.

Obregón se fue a Sonora a esperar pacientemente a que el presidente le cediera la silla presidencial.

¿Cuántos años habían pasado ya de lucha armada? ¿Cuánto tiempo llevaba la Revolución? Nueve años y el panorama era desolador. Miles y miles de muertos; la gente trataba de huir hacia Estados Unidos y los problemas en México eran

los mismos que al principio.

Villa se retiró a su hacienda en Chihuahua. Años después lo asesinaron.

Dicen que la Revolución quedó inconclusa...

# COLECCIÓN HISTORIA PARA NIÑOS

Antepasados, Los
Colonia I, La
Colonia II, La
Conquista, La
Independencia, La
Porfiriato para niños , El
Reforma, La
Revolución para niños, La

# COLECCIONES

Belleza
Negocios
Superación personal
Salud
Familia
Literatura infantil
Literatura juvenil
Ciencia para niños
Con los pelos de punta
Pequeños valientes
¡Que la fuerza te acompañe!
Juegos y acertijos
Manualidades
Cultural
Medicina alternativa
Clásicos para niños
Computación
Didáctica
New Age
Esoterismo
Historia para niños
Humorismo
Interés general
Compendios de bolsillo
Cocina
Inspiracional
Ajedrez
Pokémon
B. Traven
Disney pasatiempos

Esta edición se imprimió en Julio de 2004. Impresos
Editoriales Agapando No. 91 México, D. F. 04890

## SU OPINIÓN CUENTA

**Nombre** .................................................................................................

**Dirección** .............................................................................................

**Calle y número** ....................................................................................

**Teléfono** ..............................................................................................

**Correo electrónico** ..............................................................................

**Colonia** ............................................. **Delegación** ...........................

**C.P** ............................. **Ciudad/Municipio** ....................................

**Estado** ............................................. **País** .....................................

**Ocupación** ..................................... **Edad** .....................................

**Lugar de compra** .................................................................................

### Temas de interés:

- ☐ *Negocios*
- ☐ *Superación personal*
- ☐ *Motivación*
- ☐ *New Age*
- ☐ *Esoterismo*
- ☐ *Salud*
- ☐ *Belleza*

- ☐ *Familia*
- ☐ *Psicología infantil*
- ☐ *Pareja*
- ☐ *Cocina*
- ☐ *Literatura infantil*
- ☐ *Literatura juvenil*
- ☐ *Cuento*
- ☐ *Novela*

- ☐ *Ciencia para niños*
- ☐ *Didáctica*
- ☐ *Juegos y acertijos*
- ☐ *Manualidades*
- ☐ *Humorismo*
- ☐ *Interés general*
- ☐ *Otros*

### ¿Cómo se enteró de la existencia del libro?

- ☐ *Punto de venta*
- ☐ *Recomendación*
- ☐ *Periódico*
- ☐ *Revista*
- ☐ *Radio*
- ☐ *Televisión*

**Otros** ....................................................................................................

**Sugerencias** .........................................................................................

**La Revolución para niños**